AF190220

Washington D.C.

lieben lernen

Der perfekte Reiseführer für einen unvergesslichen Aufenthalt in Washington D.C. inkl. Insider-Tipps und Packliste

Natalie Becker

✈ INHALT

Das erwartet Sie in diesem Buch

Es gibt sicher unzählige Reiseführer über Washington DC, die jedoch in der Regel aus einer Auflistung von Sehenswürdigkeiten, Hotels und Restaurants bestehen. Bei einer Stadt wie DC, die über den weltweit höchsten Besucherzustrom sowie über unzählige Sehenswürdigkeiten, Restaurants, Bars und Hotels verfügt, erwartet Sie dabei in den meisten Fällen ein ziemlich dicker Wälzer, der zum einen zwar gut als Einschlaflektüre herhalten kann, zum anderen aber auch recht erschlagend wirkt.

Ziel dieses Reiseführers ist es vor allem, Ihnen die Stadt auf eine persönliche und ansprechende Art näher zu bringen, Sie – wie der Titel dieses Buchs schon aussagt – dazu zu bringen, DC zu lieben, bevor Sie überhaupt dort waren. Dabei werden Sie auch Dinge über DC erfahren, die Sie in anderen, konventionellen Reiseführern eher nicht finden werden, alles geprägt von meinen persönlichen Eindrücken, Erfahrungen und Sichtweisen von dieser ganz besonderen Stadt.

Außerdem liegt mein Hauptaugenmerk darauf, Ihnen mit diesem Buch eine Art Hilfe zur Selbsthilfe anzubieten, indem ich Sie über die wichtigsten lokalen Gegebenheiten und Regeln ausführlich informiere und statt alle Sehenswürdigkeiten aufzuzählen, eine persönliche Auswahl anbiete, zusammen mit wertvollen Tipps, wie Sie das Sightseeing so effektiv und angenehm wie möglich gestalten. Sie erfahren außerdem, wie Sie das für Sie passende Hotel finden und was es dabei zu beachten gibt, wie Sie in DC mobil sein können, was Sie bei der Wahl eines Restaurants beachten müssen und wie Sie auch mit geringem Budget das Beste aus Ihrem Aufenthalt herausholen können. So können Sie Ihre Reise optimal vorbereiten und planen, damit Sie zu dem unvergesslichsten und einmaligsten Erlebnis wird, das diese Stadt zu bieten hat.

Warum Washington DC

DIE BESONDERE GESCHICHTE VON WASHINGTON DC

Geschichte der Stadt: *Washington DC* war nicht immer die Hauptstadt der USA, sondern genau genommen erst die dritte. Als im Jahre 1788 die erste Verfassung der Vereinigten Staaten ratifiziert wurde, war darin festgelegt, dass die zukünftige Regierung die Kontrolle über die Bundeshauptstadt haben muss, wodurch sich einige wichtige politische Besonderheiten ergeben, auf die im Verlauf dieses Kapitels noch eingegangen wird. Zusätzlich bestimmte die Verfassung, dass der Kongress einen „*District*" in der Größe von exakt 10 auf 10 Meilen ausschließlich für den Regierungssitz festlegen darf. Daraus wird schon ersichtlich, dass der ursprüngliche Gedanke für die Hauptstadt außer den Regierungsangestellten keine Einwohner mit einbezog, sondern dass es dort einzig Regierungsgebäude geben sollte. Die erste Hauptstadt, die 1788 vom Kongress bestimmt wurde, war New York, wo George Washington als erster Präsident regierte.

Im Jahre 1790 wurde dann ein neues Bundesgesetz verabschiedet, der sogenannte „*Residence Act*", der beschloss, Philadelphia für die nächsten zehn Jahre zur Bundeshauptstadt zu machen, während man sich am *Potomac River* nach einem permanenten Sitz für die Hauptstadt umsah. George Washington oblag dabei die endgültige Entscheidung und er wählte ein Gebiet, das sowohl Teile von *Maryland* als auch Teile von *Virginia* einschloss, was dazu führte, dass der *Potomac River* damals noch mitten durch die Stadt floss.

1791 wurde das Ganze dann umgesetzt, man entnahm *Virginia* und *Maryland* Teile, die zum „*Distrcit of Columbia*" erklärt wurden. Hierbei handelt es sich um keinen Staat – trotz Namensgleichheit mit dem Bundesstaat Washington – sondern um einen Bundesdistrikt, der direkt der Regierung der Vereinigten Staaten unterstellt ist. Im deutschen Sprachraum wird die Stadt meist nur als Washington bezeichnet, was in den USA zu Missverständnissen führen kann, denn dort wird die Stadt, insbesondere von den Einheimischen, als DC bezeichnet, um die Unterscheidung zwischen dem Bundesstaat und der Stadt zu treffen. DC steht hierbei für „*District of Columbia*", was auch die offizielle Bezeichnung für die Hauptstadt ist. *Columbia* leitet sich übrigens vom Namen des Seefahrers Kolumbus ab, ein Tribut an den Entdecker Amerikas. Der Name *Washington* wurde zu Ehren des ersten Präsidenten hinzugefügt.

Der Bau der endgültigen Hauptstadt begann 1792 mit der Errichtung des Weißen Hauses, dem zukünftigen Amtssitz des Präsidenten, bis die Stadt ab 1800 offiziell zur Hauptstadt erklärt wurde, was uns nun zu den bereits erwähnten politischen Besonderheiten führt.

Politische Besonderheiten: Zu Beginn lebten in DC hauptsächlich Regierungsbeamte und -angestellte, und da die Wahlen zu dieser Zeit von den Bundesstaaten organisiert wurden, hatten die Einwohner von DC – das ja kein Bundesstaat ist, sondern ein Regierungsdistrikt – keinerlei Wahlrecht, was auch dem Prinzip der Gewaltenteilung entsprach. Jedoch wuchs die Stadt im Laufe der Zeit immer mehr, was anfangs nicht so vorgesehen war. Es entstand eine neue eigenständige Infrastruktur zur Versorgung der Einwohner, wodurch immer mehr Menschen in der Stadt lebten, die nicht zur Regierung gehörten. Dies führte zunehmend zu dem Problem, dass die Einwohner von DC ihr nicht vorhandenes Wahlrecht als undemokratisch empfanden. Seit 1974 verfügt DC zumindest über einen Stadtrat, der einen Bürgermeister als Volksvertretung wählt. Da dieser aber nur über stark eingeschränkte Kompetenzen verfügt und seine Entscheidungen jederzeit vom Kongress außer Kraft gesetzt werden können, ist dies nur ein sehr fauler Kompromiss, zumal der Kongress den Stadtrat jederzeit auflösen kann.

Auf nationaler Ebene sieht es ähnlich aus, denn die

Bewohner von DC sind im Repräsentantenhaus nur mit einem nicht stimmberechtigten Beobachter vertreten und im Senat gar nicht. Diese Situation macht DC weltweit einzigartig, da sich hieraus ergibt, dass die Bewohner der Hauptstadt eines demokratischen Landes ihre Volksvertretung nicht wählen dürfen. Die Bewohner von DC bringen ihren Unmut darüber zum Ausdruck, sodass man auf den Autokennzeichen der Stadt den Slogan *„taxation without representation"* – „Besteuerung ohne Repräsentation" – findet.

Seit Jahrzehnten gab es immer wieder mehrere Vorschläge und Gesetzesentwürfe, die diesen Zustand ändern sollten, was jedoch in sämtlichen Fällen zu diversen innerpolitischen Konflikten führte. Deshalb wurde bis heute keine zufriedenstellende Lösung für dieses Problem gefunden und folglich auch kein entsprechendes Gesetz vom Kongress verabschiedet.

DIE NAHEZU EINZIGARTIGE ARCHITEKTUR UND STÄDTEPLANUNG

Das Offensichtliche: Die wohl herausragendste Besonderheit an DC, die es meiner Meinung nach unter allen Städten dieser Welt einzigartig macht, ist die Stadtplanung und -geografie. Ursprünglich hatte DC, wie per Gesetz vorgeschrieben, eine Fläche von 100 Quadratmeilen (258,9 km^2), wodurch ein Quadrat mit einer Kantenlänge von 10 Meilen (16,1 km) entstand, dessen Ecken genau in die vier Himmelsrichtungen ausgerichtet waren. Da die Stadt anfangs weniger schnell wuchs als erwartet, wurde 1846 das Gebiet, das ursprünglich von Virginia abgetreten wurde, zurückgegeben, weshalb DC heute eigentlich nur noch aus Gebieten von Maryland besteht und die Fläche sich auf 177 km^2 verkleinerte.

Doch dieses ursprünglich angelegte Quadrat, dessen vier Ecken genau in die vier Himmelsrichtungen zeigten, ist nur der Beginn der eigentümlichen Städteplanung, die bis heute eines der Lieblingsthemen von Verschwörungstheoretikern ist. Darauf gehe ich gleich noch ausführlicher ein.

DC ist in vier Quadranten aufgeteilt - *Northwest* (*NW*), *Southwest* (*SW*), *Northeast* (*NE*) und *Southeast* (*SE*) –, in deren exakter geographischer Mitte sich das *Capitol* befindet, welches die Grenze zwischen den einzelnen Quadranten markiert. Die Straßen sind entweder gerade und rechtwinklig oder diagonal angelegt, wobei die von Ost nach West verlaufenden Straßen alphabetisch geordnet und die von Nord nach Süd verlaufenden Straßen durchnummeriert sind. Dabei beginnen sowohl die Nummerierung als auch die Alphabetisierung immer am *Capitol*. Die diagonal verlaufenden Straßen werden als *Avenues* bezeichnet, die zum größten Teil nach den Bundesstaaten der USA benannt sind.

Zusätzlich gibt es in DC eine Höhenbegrenzung für Gebäude, die aussagt, dass kein Gebäude höher sein darf als die Breite der angrenzenden Straße plus 6,1 m, weshalb es in DC auch keine Wolkenkratzer gibt. Einzig drei Gebäude fallen aus dieser Norm: Das *Washington Monument*, der Turm des *Post Office* und die *Washington National Cathedral*, weshalb dies auch die besten Aussichtspunkte über die Stadt sind.

Der vielgeleugnete Einfluss der Freimaurer: Um genauer zu evaluieren, warum DC unter Verschwörungstheoretikern so beliebt ist, müssen wir zunächst noch einmal einen kleinen Ausflug in die Geschichte der Stadt unternehmen. Da die Hauptstadt zu einer Zeit entstand, als Amerika noch um die Unabhängigkeit kämpfte, hatten die Architekten der Stadt eine große Vision: Der Stadtplan sollte eine Darstellung der Einheit werden, indem er symbolisch die Einheit der dreizehn um ihre Unabhängigkeit kämpfenden Kolonien vereinte. Deshalb war auch die gewählte Lage des Distrikts kein Zufall, denn DC liegt genau zwischen den Nord- und Südstaaten, zwischen denen es zu dieser Zeit ja noch zusätzlich Konflikte bezüglich des Handels mit sowie der Haltung von Sklaven gab.

Der Entwurf des Stadtplans wurde ursprünglich von Pierre Charles L'Enfant, einem französischen Freimaurer, entwickelt. Er war einer der engsten Vertrauten von Präsident Washington, der ebenfalls den Freimaurern angehörte. So kam es unter anderem dazu, dass L'Enfant DC als Spiegelung des Sternenhimmels plante und man über die Stadt verteilt über 30 verschiedene Sternbilder und -konstellationen findet:

- In der *National Academy Of Sciences* befinden sich zwölf Konstellationen eingraviert in die Metalltüren des Gebäudes
- Im *Federal Reserve Board Building* befinden sich zwei weitere Konstellationen, designt in Glas mit Beleuchtung
- Im *Library Of Congress Building* befinden sich fünf weitere Konstellationen
- Die restlichen Sternbilder und -konstellationen verteilen sich auf die übrigen wichtigen Hautgebäude in DC

Besonders wichtig an L'Enfants Design war die *Pennsylvania Avenue*, die vom *Capitol* zum Weißen Haus führt und sich zufällig (?) genau am Aufgangspunkt des Sterns Sirius und seiner Bewegung entlang des Himmels orientiert. Um dies zu verstehen, müssen Sie wissen, dass die Freimaurer stark beeinflusst sind von ägyptischer, griechischer und römischer Mystik. In der ägyptischen Mystik spielt der Stern Sirius eine zentrale Rolle, da er symbolisch für den Gott Osiris (Gott der Unterwelt) steht.

Eine ebenfalls umstrittene Angelegenheit sind die *Cornerstones* – deutsch: Grundsteine – der meisten Hauptgebäude in DC. All diese Grundsteine wurden innerhalb großer Zeremonien von den Freimaurern gelegt. Eine Tatsache, die heute oft geleugnet wird, genauso wie der Einfluss der Freimaurer auf die Städteplanung von DC an sich. Es gibt jedoch Zeitungsartikel aus der Zeit, in der DC gebaut wurde, die diese Zeremonien ausführlich beschreiben.

Weitere Auffälligkeiten und heilige Geometrie in der Stadtplanung: Sieht man sich eine Karte von DC einmal genauer an und nimmt einen Stift und ein Lineal bzw. ein Geodreieck zur Hand, lassen sich noch mehr Dinge entdecken, die, selbst wenn man durch die Stadt läuft, unterschwellig offensichtlich sind.

Das Dreieck, eines der fünf platonischen Körper der heiligen Geometrie: Man kann ein Dreieck mit den gleichen Maßen und Winkeln wie die der großen Pyramide von Gizeh innerhalb der Karte von DC zeichnen. Die untere Linie des Dreiecks läuft mittig durch die *Mall*, mit dem *Capitol* am äußersten rechten Ende, dem *Washington Monument* in der Mitte und der Grenze von DC am linken unteren Ende. Zieht man eine vertikale Linie von der unteren Mitte des Dreiecks – also vom *Washington Monument* – zur oberen Spitze, befindet sich das Weiße Haus genau auf dieser Linie, und zwar an dem Punkt, an dem sich die *Pennsylvania Avenue* mit der *New York Avenue* kreuzt.

Der Baum des Lebens: Um es noch mysteriöser zu machen, auch der Baum des Lebens aus der jüdischen Kabbala lässt sich in der Karte von DC wiederfinden. Erklären wir zunächst einmal dieses uralte Symbol, das in fast allen antiken Kulturen in jeweils leicht abgeänderter Form – je nach Weltanschauung – zu finden ist: im antiken Ägypten als *Isched Baum*, bei den Babyloniern und Sumerern als *Heiliger Baum von Eridu*, bei den Germanen als *Yggdrasil* sowie bei den Indern, Letten, Maya, Persern, den Turkvölkern und im Islam unter jeweils verschiedenen Namen.

Dieser Weltenbaum ist ein Sinnbild der kosmischen

Ordnung und obliegt dem kosmischen Gesetz „Wie oben, so unten, wie unten so oben". Dabei stellt er, je nach Kultur, die entsprechende Weltanschauung und die des Kosmos dar. Um bei dem *Baum des Lebens* aus der Kabbala zu bleiben, der auch *Baum der Sephirot* genannt wird, erkläre ich hier nur kurz dieses Symbol. Die zehn Sephirot, die der Baum durch geometrische Linien miteinander verbindet, repräsentieren die zehn göttlichen Urpotenzen, die alle Ebenen des Seins durchdringen. Da der Mensch als göttliches Urpotential in diesen Baum verwoben ist, stellt der Baum den verkörperten Organismus des Universums dar, was nach kabbalistischer Ansicht das gegenseitige Beeinflussungspotenzial der göttlichen und menschlichen Ebene verbildlicht.

Dieses Symbol lässt sich nun ebenfalls auf die Karte von DC projizieren, und zwar genau in das oben bereits erwähnte Dreieck, wobei der oberste Sephirot genau die Spitze des Dreiecks abdeckt, die vier rechts und links darunter liegenden Sephirot befinden sich genau auf den Außenlinien des Dreiecks, und zwar exakt an den Kreuzungspunkten der diagonal verlaufenden *Avenues*. Die zwei darunter liegenden Sephirot befinden sich innerhalb des Dreiecks, genau an den Außengrenzen der *Mall* und wieder auf den diagonal verlaufenden *Avenues*. Die beiden untersten Sephirot, die mittig liegen, befinden sich zum einen genau in der Mitte der unteren Linie des Dreiecks, wo sich das *Washington Monument* befindet, und der unterste Sephirot liegt ein Stück unterhalb dieses Punktes. Um sich diese Bilder genau zu veranschaulichen und besser verstehen zu können, empfehle ich Ihnen, sich über Google einmal mit dem Thema Washington DC und heilige Geometrie auseinanderzusetzen. Dort werden Sie die entsprechenden Bilder finden, allerdings nur, wenn Sie auf Englisch suchen.

Das Pentagramm: Bei all den Auffälligkeiten – oder sollte ich sagen Merkwürdigkeiten? – darf das Pentagramm natürlich nicht fehlen. Auch dieses Symbol finden wir in der Karte von DC, wobei die diagonal verlaufenden *Avenues*, die ja in L'Enfants Stadtentwurf von besonderer Bedeutung waren, wieder einmal eine wichtige Rolle spielen. Kommen wir aber zunächst einmal zur Bedeutung des Pentagramms und dazu, warum es für die Freimaurer ein wichtiges Symbol ist:

Das Pentagramm bezeichnet einen fünfzackigen Stern, der sich ergibt, wenn man die Diagonalen eines regelmäßigen Fünfecks, auch bekannt als Pentagon – kurze Zwischenfrage, klingelt bei Ihnen etwas? –, nachzeichnet. Die Ausrichtung des Pentagramms ist dabei von entscheidender Bedeutung. Steht die Spitze oben, bedeutet dies „Geist über Materie", steht sie hingegen unten, ist auch die Bedeutung umgekehrt, also „Materie über Geist". An dieser Stelle tauchen wir zugegeben schon tief ab in die Verschwörungstheorien über die Freimaurer, die Illuminaten und die neue Weltordnung, obwohl ich das hier nur am Rande erwähnen möchte. Wer tiefer in die Materie einsteigen will, findet ausreichend Informationen im Internet und auch in der Literatur. Zusätzlich ließe sich noch erwähnen, dass man das Pentagramm indirekt auch in der heiligen Geometrie wiederfindet, da es in Metatrons Würfel hineinpasst. Die Bedeutung der fünf Spitzen hält wieder unterschiedliche Interpretationen bereit. Im Allgemeinen stehen sie für die fünf Elemente Feuer, Wasser, Erde,

Luft und Äther sowie für die vier Himmelsrichtungen. Bei den Freimaurern stehen sie jedoch für die folgenden Tugenden: Klugheit, Gerechtigkeit, Stärke, Mäßigung und Fleiß.

Kommen wir nun dazu, wo Sie das Pentagramm in der Karte von DC finden können und wie es dort ausgerichtet ist, nämlich mit der Spitze nach unten. Die untere Spitze beginnt beim weißen Haus. Ziehen Sie von dort aus zwei diagonale Linien nach oben, landen Sie auf der linken Seite am *Dupont Circle* und auf der rechten Seite am *Logan Circle*. Wenn Sie von diesen beiden Punkten nun wieder die Diagonalen nach links und rechts unten ziehen, landen Sie am *Washington Circle* und am *Mount Vernon Square*, womit das Pentagramm vollständig ist und der *Scott Circle* direkt im mittleren Pentagon liegt.

Fazit – Verschwörung, Zufall oder Realität: Dies war nun zugegeben ein weitschweifender Ausflug in eine Weltsicht, welche die meisten Menschen nicht teilen, was diesen Aspekt von DC meiner Meinung nach jedoch nicht weniger, sondern, im Gegenteil, umso mehr faszinierend macht. Natürlich habe ich hier nur das Offensichtlichste angesprochen und die darunterliegenden Themen gerade einmal an der Oberfläche gestreift, doch soll dies hier in der Hauptsache ein Reiseführer sein und kein Buch zum Thema Verschwörungstheorien werden.

Ob sie nun an die Einflüsse der Freimaurer glauben oder nicht, bleibt selbstverständlich Ihnen überlassen. Es wäre jedoch eine Schande, diesen wichtigen Aspekt von DC nicht wenigstens oberflächlich zu beleuchten. Wenn Sie sich in DC aufhalten, ist die Geometrie allgegenwärtig, sie ist von jeder Straße aus deutlich sicht- und spürbar und war für mich persönlich – neben der Kirschblüte – immer der einprägsamste Eindruck, den diese Stadt bei mir hinterlassen hat, schon lange bevor ich mich mit den oben erläuterten Themen befasst habe. Als letztes Argument für die offensichtlich mystischen Freimaurer-Einflüsse möchte ich hier noch erwähnen, dass der architektonische Stil der Hauptgebäude und Sehenswürdigkeiten von DC sich an der antiken griechischen und römischen Architektur orientiert.

BESONDERHEITEN DES LEBENS IN WASHINGTON DC

Lebensart: Wollte man das Leben in DC mit dem in einer deutschen Stadt vergleichen, so käme Frankfurt am Main diesem Vergleich am nächsten. So wie es in DC eine große Anzahl an Regierungsbeamten und -angestellten gibt, die meist nur für einige Jahre dort leben, verhält es sich in Frankfurt am Main, der deutschen Hochburg der Banken, mit den Angestellten im Finanzsektor.

Hinzu kommt natürlich auch, dass es in beiden Städten auch Jobs in vielen anderen Bereichen sowie zahlreiche Universitäten und Hochschulen gibt. Dies führt in beiden Städten zum einen dazu, dass der Hauptanteil der Bewohner regelmäßig wechselt und es, prozentual gesehen, nur vergleichsweise wenig „Alteingesessene" Bewohner gibt. Zum anderen entsteht daraus eine große Vielfalt unter den dort lebenden Bewohnern, was in DC noch stärker ausgeprägt ist, wenn man diese Vielfalt auf die ethnischen Gruppen bezieht.

Wenn Sie einmal in Frankfurt am Main gelebt oder

eine Zeit lang dort gearbeitet haben, wissen Sie vermutlich, auf welche Art Besonderheit ich hier hinaus will. Eine Stadt, die hauptsächlich von Menschen belebt wird, die dort nur vorübergehend wohnen, verfügt über verschiedene Besonderheiten. Auf der positiven Seite ließe sich hier die Tatsache nennen, dass die Menschen dort rücksichtsvoller und verständnisvoller miteinander umgehen, denn wer selbst mit der Stadt nicht gut vertraut ist, verzeiht auch anderen ihre Fehler – zum Beispiel im Straßenverkehr – leichter. Außerdem sind die Menschen viel offener für neue Bekanntschaften, was es leicht macht, in DC Anschluss an Gruppen und neue Freunde zu finden, wofür im letzteren Fall besonders gerne die Happy Hour im Nightlife genutzt wird. Als eher nachteilig ließe sich hier die Tatsache darstellen, dass es nur wenig lokalen Charme gibt, z. B. Familienrestaurants, speziell auf die Stadt bezogene Traditionen oder besondere Macken und Lebensarten der Bewohner.

Eine der teuersten Städte der USA: Das Leben in DC ist unglaublich teuer, denn auch, wenn dies in offiziellen Statistiken selten so aufgeführt wird, ist DC, was diesen Aspekt angeht, vergleichbar mit Städten wie San Francisco und New York. Die Mieten sind hoch, die Kosten für Lebensmittel und Parken ebenfalls. Man braucht also ein recht hohes Grundeinkommen, um dort einigermaßen gut leben zu können.

Die Verkehrslage: Da die Stadt ursprünglich auf ein Gebiet von 10 Quadratmeilen festgelegt und nicht für Anwohner außerhalb des Regierungsstabs vorgesehen war, ist das Stadtgebiet recht beschränkt. Die vielen Sehenswürdigkeiten, Hotels und Restaurants und damit auch die neuen Wohngebiete, die seit der Gründung hinzukamen, haben zu einer relativ beengten Lage geführt. Deshalb ist der Autoverkehr in DC nach Aussagen der Einwohner eine Katastrophe. Es gibt viel zu viele Autos auf zu wenig Raum, Autofahren in DC ist nichts für schwache Nerven und die Parkplatzsituation ist noch weit schlimmer, als man sie von deutschen Großstädten kennt. Einen kleinen Ausgleich hierzu bietet das öffentliche Verkehrssystem von DC, das zu den am besten ausgebauten der Welt gehört und preislich verhältnismäßig günstig zu nutzen ist.

Das Klima: In DC herrscht subtropisches Klima, was die Sommer zur Qual machen kann. Es wird heiß und schwül mit Temperaturen von meist um die 30°C und es ist Regenzeit. Einwohner beschreiben den Sommer als „einzigen Augenblick vor dem Sturm", womit gemeint ist, dass man, sobald man rausgeht, das Gefühl hat, in einer Waschküche zu stehen, und dass man das nahende Gewitter schon spüren kann, welches auch nie lange auf sich warten lässt. Die Abkühlung und Erleichterung, die diese Regengüsse mit sich bringen, halten jedoch nie lange an. Außerdem gibt es eine Vielzahl an stechenden und beißenden Insekten, welche die Menschen im Sommer zusätzlich plagen.

Dafür haben die anderen Jahreszeiten ihre besonderen Vorzüge. Die Winter sind mit -3°C bis -8°C verhältnismäßig mild und es gibt fast immer einen strahlend blauen Himmel, was selbst bei Schnee und Kälte ein gutes Gefühl von schönem Wetter gibt. Der Frühling in DC ist die wohl schönste Jahreszeit, da die gesamte Stadt mit zahlreichen blühenden Bäumen ausgestattet ist. Im Zentrum herrschen die Kirschbäume vor, die alle wichtigen Sehenswürdigkeiten flankieren, während außerhalb des Zentrums eine bunte Farbenpracht anderer Baumarten existiert. Zu dieser Jahreszeit ist die Stadt erfüllt von den prächtigsten Farbeindrücken und dem süßlichen Duft der vielen Blüten. Da die Kirschbäume die Stadt dominieren, feiert DC zur Zeit der Kirschblüte – Mitte März bis Mitte April – das „National Cherry Blossom Festival", was zahlreiche Besucher in die Stadt lockt. Die Temperaturen im Frühling belaufen sich auf 7°C – 19°C bei meist trockenem und sonnigem Wetter. Auch der Herbst lockt aufgrund der vielen Bäume mit einer bunten Farbenpracht und wie der Frühling mit milden Temperaturen von 9°C – 21°C sowie mit beinahe ausnahmslos schönem Wetter.

Wirtschaftslage: Die Wirtschaftslage in DC ist stabil, es gibt zahlreiche Jobs durch die unzähligen Sehenswürdigkeiten, Restaurants, Bars und Shoppingmalls. Nur im politischen Bereich ist es schwierig, ohne einen „*masters degree*" – vergleichbar mit dem deutschen Diplom – eine Anstellung zu finden.

Ausbildungsmöglichkeiten: DC verfügt über eine große Anzahl an guten Universitäten und Schulen, was ein deutliches Plus für das Leben in dieser Stadt darstellt.

SPEZIELLE WORTGEBRÄUCHE, DIE SIE KENNEN SOLLTEN

The Mall: Dieser Ausdruck kann zu Missverständnissen führen, denn normalerweise ist eine „*Mall*" in den USA eine Art riesiges, meist mehrstöckiges Einkaufszentrum mit vielen verschiedenen Geschäften, Restaurants, Bars, Kinos, Frisören etc., auch als „*Shopping Mall*" bekannt. Wenn in DC von der „*Mall*" gesprochen wird, ist damit eine Anlage gemeint, die „*National Mall And Memorial Parks*" heißt. Diese Anlage befindet sich im Zentrum von DC, ist angelegt wie ein weitläufiger Park mit insgesamt drei Wegspuren und Wiesen dazwischen. Sie ist flankiert einerseits von den berühmten Kirschbäumen und andererseits von den wichtigsten Sehenswürdigkeiten der Stadt. Die *Mall* ist außerdem ein beliebter Treffpunkt für Freizeitaktivitäten und Picknicks.

DMV: Auch dieser Ausdruck kann zu Missverständnissen führen, zumindest wenn Sie über gute Englischkenntnisse verfügen, denn normalerweise ist „DMV" die Abkürzung für *„Department Of Motorcycles And Vehicles"* – das deutsche Pendant zur Führerscheinstelle. In DC steht diese Abkürzung jedoch für etwas anderes. Sie dient zur Unterscheidung zwischen DC allein – also nur der Hauptstadt – und DC inklusive den umliegenden Bezirken *Maryland* und *Virgina*. „DMV" bedeutet also *„District of Columbia, Maryland and Virgina"*.

Um die Benutzung dieses Ausdrucks zu verdeutlichen, hier ein Beispiel: Wenn Sie nach dem besten Burger in DC – also nur der Hauptstadt – fragen wollen, dann würden Sie fragen *„Where do I get the best burgers in DC?"*. Würden Sie aber wissen wollen, wo Sie den besten Burger in DC und den umliegenden Gebieten bekommen, lautete die Frage *„Where do I* *get the best burgers in DMV?"*.

K Street: Zunächst einmal handelt es sich hier einfach um einen Slang für die *K Street Northwest*. Sie verläuft durch *Downtown* und ist Hauptsitz der Lobbyisten. Aus diesem Grund wird „*K Street*" zusätzlich oftmals als ein Synonym für Lobbyisten benutzt. Wenn jemand zum Beispiel sagt, „Dieser Politiker wurde von der *K Street* gekauft", ist damit gemeint, dass dieser Politiker von einer Lobby bestochen wurde. So, wie die „*Wall Street*" in New York City als Synonym für die Börse genutzt wird, verhält es sich mit der „*K Street*" in DC als Synonym für Lobbyisten.

The Hill: Dieser Ausdruck bezieht sich auf den „*Capitol Hill*", hat allerdings eine doppelte Bedeutung. Er kann sich entweder alleinig auf den „*Capitol Complex*" beziehen – also auf das Regierungsgebäude – oder aber auf die umliegende Nachbarschaft, die ebenfalls „*Capitol Hill*" heißt. Wenn Sie also hören, wie jemand davon spricht, dass er zu einem Meeting auf dem „*Hill*" gehen müsse, ist damit wahrscheinlich das Regierungsgebäude gemeint. Spricht aber jemand davon, dass er auf dem „*Hill*" lebt, ist der umgebende Nachbarschaftsbezirk gemeint.

Beltway: Der „*Beltway*" ist die Interstate 495, die einmal rund um DMV verläuft, daher auch der Name „*Beltway*", weil sie wie ein Gürtel die Stadt und die umliegenden Bezirke Maryland und Virginia umschließt – „*belt*" bedeutet auf Deutsch Gürtel, „*Beltway*" wäre frei übersetzt also die „Gürtelstrasse". Wenn Sie morgens Radio hören, könnte es zu Aussagen über extreme Verkehrslagen auf dem „*Beltway*" kommen, da diese Straße von vielen Pendlern genutzt wird, die außerhalb von DC in den umliegenden Gebieten leben, aber in DC arbeiten.

Dieser Ausdruck wird aber auch gern im politischen Sinne benutzt, wenn Sie zum Beispiel eine Aussage hören wie die Folgende: „*No one out of the beltway is interested in this*". Dann ist damit gemeint, dass diese Angelegenheit nur die Politiker innerhalb von DC interessiert, jedoch niemanden auf Landesebene.

Half Smoke: Dieser Ausdruck bezeichnet eine einzigartige Besonderheit in DC, die Sie nirgendwo sonst bekommen: Ein Würstchen, das auf einem Brötchen serviert wird. Das Besondere daran ist die Art der Zubereitung und die Wurst selbst, weshalb es auch zwei Theorien gibt, wie der Name „*Half Smoke*" überhaupt entstanden ist. Eine dieser Theorien besagt, dass der Name daher rührt, dass es sich um eine Wurst aus halb Schwein, halb Rind handelt, die dann auf dem Grill geräuchert wird. Die andere Theorie bezieht sich allein darauf, dass die Wurst vor der Zubereitung auf dem Grill längs halbiert wird. Wo Sie die besten „*Half Smokes*" bekommen, erfahren Sie in dem Kapitel „Essen und Trinken in DC" im Unterkapitel „Die besten Restaurants und „*Must Eats*".

Slug Line: Hierbei handelt es sich um das Prinzip von Fahrgemeinschaften, das einer amerikanischen Besonderheit zugrunde liegt, die allerdings in dieser Form nur in DMV und der *San Francisco Bay Area* existiert. Auf den *Interstates* – wie zum Beispiel dem „*Beltway*", der ja durch den Pendlerverkehr stark

überfüllt ist – gibt es eine extra Fahrspur, die sogenannte *„Carpool Lane"*, auf der nur Fahrgemeinschaften fahren dürfen, wodurch diese Fahrspur lee-
rer ist und man schneller vorankommt. In DC gibt es
dann bestimmte Orte, wo Autofahrer, die diese Spur
nutzen wollen, anhalten, um Mitfahrer aufzuneh-
men. Dort bilden sich dann die sogenannten *„Slug
Lines"*, womit in diesem Fall die Warteschlange aus
potenziellen Mitfahrern bezeichnet wird. Die *„Slug
Line"* zu nutzen, wenn man in die angrenzenden Gebiete von DC möchte, ist also eine gute Alternative
zum Bus, denn es geht schneller und ist bequemer.

WAS SIE UNBEDINGT VERMEIDEN SOLLTEN

Die Metro: Die *Metro* ist eines der öffentlichen Hauptverkehrsmittel in DC, bestehend aus mehreren Zuglinien, die die meisten Gebiete in DMV abdecken. Es gibt einige Grundregeln, die Sie vor Nutzung der *Metro* unbedingt kennen sollten:

• Wenn Sie in einer deutschen Großstadt leben, kennen Sie diese Regel schon, denn inzwischen hat sie sich auch hier in Deutschland etabliert. Es geht um die Nutzung der Rolltreppen. Wer steht, muss sich rechts halten, damit die Menschen, die es eilig haben, links an Ihnen vorbeilaufen können. Stehen Sie in der Metro also auf keinen Fall links auf der Rolltreppe, damit würden Sie jedem Einwohner von DC gewaltig auf die Füße treten.

• Wenn Sie beim Sightseeing viel mit der *Metro* unterwegs sind oder Sie die *Metro* nutzen, um abends in einen Bezirk mit aktivem Nachtleben zu fahren, checken Sie im Vorfeld, wie Sie zurückkommen. Die *Metro* fährt nicht spät in der Nacht, schauen Sie sich also vorher die Fahrpläne an und überlegen Sie sich gegebenenfalls Alternativen für die Rückfahrt.

• In der *Metro* herrscht das unausgesprochene Gesetz, dass dort weder gegessen noch laut geredet werden darf. Tun Sie dies trotzdem, fallen Sie mehr als unangenehm auf.

• Wenn Sie mit der Metro unterwegs sind, behalten Sie Ihre Fahrkarte bei sich, Sie brauchen diese nicht nur, um auf die Gleise zu gelangen, sondern auch, um aus dem Gleisbereich wieder herauszukommen.

Sightseeing: Auch beim Sightseeing und wenn Sie generell zu Fuß in DC unterwegs sind, gibt es einige Dinge, die Sie unbedingt beachten sollten:

• Starren Sie beim Laufen nicht auf Ihr Handy! Es sind viele Menschen unterwegs, nicht nur Touristen, sondern auch Einwohner, die sich auf dem Weg zur Arbeit oder zum Einkaufen befinden und es vielleicht eilig haben. Wenn Sie beim Laufen auf Ihr Handy sehen, werden Sie alle paar Meter mit jemandem zusammenstoßen, allein schon, weil es so voll ist. Davon abgesehen ist das grundsätzlich eine Angewohnheit, die in DC nicht gern gesehen wird.

• Wenn Sie sich mit jemandem darüber unterhalten,

was Sie für den Tag planen, sagen Sie nicht, dass Sie zum *Smithsonian* gehen. Die *Smithsonian Group* verfügt über 21 verschiedene Museen und Einrichtungen, mit dieser Aussage würden Sie also ziemlich dumm dastehen. Differenzieren Sie, welches dieser Museen oder welche Einrichtung Sie besuchen wollen – mehr dazu im nächsten Kapitel über die Sehenswürdigkeiten von DC.

• Verhalten Sie sich respektvoll an den verschiedenen Memorials, wenn Sie z. B. das *„Korean War Veterans Memorial"* ansehen. Machen Sie keine Selfies an den Gräbern, das wird von den Einwohnern als respektlos angesehen. Was ebenfalls nicht gern gesehen wird, sind Touristen, die ihre Füße in den zahlreichen Brunnen an den Memorials kühlen. So verlockend dies auch sein mag – denn Ihnen werden beim Sightseeing durch DC mit Sicherheit die Füße glühen! –, es ist ein absolutes *„No Go"* in DC.

• Wenn Sie Fotos von den Sehenswürdigkeiten schießen wollen, gehen Sie dafür bitte an den Wegrand, statt mitten auf dem Weg stehen zu bleiben. Für viele der Einwohner von DC, die unterwegs sind und es eilig haben, ist es ein absolutes Ärgernis, wenn sie ständig einen Bogen um Touristen machen müssen, die mitten auf dem Weg stehengeblieben sind, um etwas zu fotografieren. Das Gleiche gilt, wenn Sie ihr Handy nutzen wollen, um zum Beispiel nach Fahrplänen, Öffnungszeiten oder etwas anderem zu suchen.

Trinkgeld: Wie überall in den USA ist es auch in DC üblich, für jede Form der Dienstleistung ein Trinkgeld zu geben. Die meisten Menschen im Dienstleistungssektor verdienen nur den Mindestlohn und sind daher mehr als abhängig von den Trinkgeldern. Deshalb sollten Sie in DC niemals vergessen, Trinkgeld zu geben. Im Folgenden eine Übersicht der dafür existierenden Regeln:

• In Restaurants und Bars gibt man 15 - 20 % des Gesamtpreises – abhängig von der Qualität des Services – an den Kellner oder die Bedienung sowie ein bis zwei US Dollar pro Drink an der Bar.

• Im Hotel gibt man mindestens einen US Dollar pro Koffer für den Pagen sowie zwei bis fünf US Dollar pro Nacht für das Zimmermädchen, wobei es wichtig ist, dass Sie das Trinkgeld jeden Morgen vor

Verlassen des Zimmers hinterlegen – am besten auf dem Kopfkissen – und nicht erst am Tag der Abreise, da nicht immer zwangsläufig das gleiche Zimmermädchen Ihr Zimmer versorgt. Für den Zimmerservice zahlen Sie 15 – 20 % der Rechnung. An der Rezeption wird nur Trinkgeld erwartet, falls dort ein extra Service für Sie ausgeführt wird, wie zum Beispiel das Buchen eines Tickets. In diesem Fall sollten Sie mindestens fünf US Dollar zahlen.

• Für Taxis sind 20 % vom Fahrpreis der Standard, für Uber und Lyft 10 %.

Sehenswürdigkeiten

In DC gibt es mehr Sehenswürdigkeiten auf einem Haufen als in jeder anderen Stadt der Welt. Um wirklich alles in Ruhe anzusehen, würden Sie mindestens zwei bis drei Wochen benötigen. Aus diesem Grund ist es essenziell, dass Sie sich vor Ihrem Trip genau überlegen, was Sie unbedingt sehen wollen, und dass Sie eine Prioritätenliste mit Zeitplan erstellen, bei dem Sie auch die Wartezeiten mit einrechnen. Je besser Sie vorbereitet sind, umso schöner, stressfreier und problemloser wird sich Ihr Aufenthalt gestalten. Mehr dazu im Kapitel über die richtige Vorbereitung.

Hauptsehenswürdigkeiten oder „*Must Sees*“: Natürlich ist das, was Sie als „*Must See*“ bezeichnen würden, stark subjektiv geprägt und abhängig von Ihren persönlichen Interessen, Vorlieben und Abneigungen. Außerdem würde es ein ganzes Buch allein füllen, alle Attraktionen aufzulisten. Deshalb möchte ich hier eine Auswahl an – aus meiner persönlichen Sicht – besonders interessanten und lohnenden Sehenswürdigkeiten bieten. Vorab bleibt allerdings noch zu erwähnen, dass die meisten Museen und Memorials keinen Eintritt kosten, was natürlich Ihrem Geldbeutel, der durch den DC Trip stark belastet werden wird, sehr entgegenkommen dürfte und generell weltweit ziemlich einzigartig ist.

- *Washington Monument*: Das *Washington Monument* ist ein ägyptischer Obelisk aus weißem Marmor, der zu Ehren von Präsident Washington errichtet wurde. Sie finden es auf einem Hügel der *Mall*, direkt gegenüber liegt das *Lincoln Memorial*, mit einem großen rechteckigen Teich dazwischen.

Geheimtipp: Besuchen Sie das *Monument* nach Einbruch der Dunkelheit. Sie können in das Gebäude hineingehen und mit einem Fahrstuhl direkt bis in die Spitze des Turms fahren, die als Aussichtspunkt dient. Von dort oben haben Sie nicht nur den besten Ausblick über die Stadt, sondern bei Dunkelheit auch den prachtvollsten und beeindruckendsten, da alle Sehenswürdigkeiten rund um die *Mall* bei Dunkelheit wunderschön ausgeleuchtet sind. Sie können diesen Besuch mit einem anschließenden Spaziergang durch die Mall abrunden, um das Lichterspiel auch vom Boden aus genießen zu können. Ein Anblick, den Sie sich auf keinen Fall entgehen lassen sollten!

- *Lincoln Memorial*: Dieses Monument wurde zu Ehren des 16. Präsidenten der USA – Abraham Lincoln – im Jahre 1722 erbaut und ist eines der symbolträchtigsten Memorials in den gesamten USA. Es besteht – wie das *Washington Monument* – vollständig aus weißem Marmor. Die 36 Säulen am Eingang repräsentieren die 36 wiedervereinigten Staaten, die zu Lincolns Amtszeit zu den USA gehörten. Das Gebäude umfasst drei Kammern, in der mittleren Hauptkammer finden Sie die Statue von Abraham Lincoln in einer beeindruckenden Höhe von 5,80 m! An der Wand über der Statue befindet sich eine Tafel mit dem folgenden Text:

"IN THIS TEMPLE AS IN THE HEARTS OF THE PEOPLE FOR WHOM HE SAVED THE UNION THE MEMORY OF ABRAHAM LINCOLN IS ENSHRINED FOREVER".

An der nördlichen und südlichen Seite des Memorials sind Lincolns Antrittsrede sowie die berühmte Gettysburg-Rede in den Stein graviert. Außerdem war das *Lincoln Memorial* Schauplatz von Martin Luther Kings berühmter Rede „*I have a dream*".

- *United States Botanic Gardens*: Gebaut im Jahre 1820, ist dieser botanische Garten der älteste in den USA und wurde errichtet, um die Wichtigkeit der Pflanzenwelt für die Menschheit aufzuzeigen sowie um besonders bedrohte Arten zu züchten und damit zu erhalten und zu schützen. Er bietet Touren und Programme für Menschen aller Altersgruppen und Familien, zahlreiche Gewächshäuser sowie Außengärten. Zu den Besonderheiten gehören ein eigenes Gewächshaus für eine große Vielfalt an Orchideenarten, ein Gewächshaus für bedrohte Pflanzenarten, ein Weltwüstenraum sowie als Außenanlagen ein Nationalgarten, ein prachtvoller Rosengarten und ein Garten speziell für Kinder.

- *National Gallery Of Art*: Hier kommen Kunstliebhaber auf ihre Kosten, denn das Museum verfügt über eine Sammlung aus 45000 Gemälden, Zeichnungen und Fotos. An dieser Stelle sollte klar werden, weshalb Sie für bestimmte Sehenswürdigkeiten viel Zeit und vor allem viel Lauferei einplanen sollten. Allein für dieses Museum sollten Sie einen ganzen Tag einplanen, wenn Sie nicht nur schnell einmal „hindurchstolpern", sondern die Kunst in Ruhe genießen wollen. Die *National Gallery Of Art* gehört zu der bereits erwähnten *Smithsonian Gruppe*.

- *National Mall And Memorial Parks*: Über diese Parkanlage habe ich in den vorangegangenen Kapiteln bereits des Öfteren geschrieben, deshalb werde ich hier keine bereits genannten Details wiederholen. Ich führe diese Anlage hier dennoch auf, weil sie zum einen das Herz von DC bildet und zum anderen der zentrale Ausgangspunkt ist, um den herum die meisten Hauptattraktionen angeordnet sind. Somit ist die *Mall* ein guter Startpunkt für Erkundungstouren, genauso wie ein guter Platz, um zwischenzeitlich, wenn Sie müde und hungrig vom Sightseeing sind, eine Pause mit einem kleinen Picknick einzulegen. Wie bereits erwähnt sollten Sie auf keinen Fall verpassen, sich die *Mall* nach Einbruch der Dunkelheit ebenfalls anzusehen.

- *Smithsonian's National Zoo*: Dieser Zoo, der wie der Name bereits verrät, ebenfalls zur Smithsonian Gruppe gehört, ist einer der ältesten Zoos in den USA und existiert seit 1889. Hier können Sie über 1500 Tiere aus 300 verschiedenen Spezies bestaunen, unter anderem Riesenpandas, asiatische Elefanten und

Sumatra Tiger. Der Zoo ist sehr tierfreundlich gestaltet, mit schön angelegten, großzügigen Gehegen, die den Tieren viel Platz bieten, wobei es genügend Beobachtungsmöglichkeiten für die Besucher gibt. Das Tiertraining sowie die Tierfütterung können umsonst mit angesehen werden. Bei der Vielzahl an Tieren sollte klar sein, dass dies wieder eine Attraktion ist, für die Sie allein einen ganzen Tag einplanen sollten, wenn sie wirklich alles sehen und sich nicht überfordern wollen.

• *White House*: Das Weiße Haus ist der Amtssitz des Präsidenten und liegt in der Pennsylvania Avenue, direkt im geographischen Zentrum von DC. Wenn Sie es von innen besichtigen wollen, sollten Sie frühzeitig eine Besuchertour buchen, jedoch genügt es im Grunde, sich die Anlage von außen anzuschauen, denn man hat vom Zaun an der Straße einen ausreichend guten Blick auf das Gebäude. Wenn Sie nicht gerade ein „Politik-Junkie" sind, wird Ihnen ein Selfie vor dem Weißen Haus auch genügen.

• *United States Capitol*: Das Capitol ist der Regierungssitz und liegt wie bereits erwähnt auf dem *Capitol Hill* am östlichen Ende der *Mall*. Erbaut wurde es bereits 1793 und neben den Regierungsanlagen befindet sich im Gebäude auch ein Kunst- und Architektur-Museum mit freiem Eintritt. Wenn Sie dem Kongress live bei der Arbeit zuschauen möchten, müssen Sie allerdings – wie beim Weißen Haus – frühzeitig einen Besucherpass beantragen.

- *Georgetown*: Gegründet im Jahre 1750, entstand *Georgetown* als ältester Stadtteil DC's noch vor der eigentlichen Gründung der Stadt und wurde erst später als Stadtteil integriert. Auch für *Georgetown* sollten Sie mindestens einen Tag einplanen, denn dort gibt es viel zu entdecken: typisch amerikanische Architektur zusammen mit Prachtvillenvierteln, die Privatresidenzen von *Thomas Jefferson* und *John F. Kennedy*, die *Georgetown University*, welche die älteste katholische Universität in den USA ist, die *Ricks Memorial Library* – ein toller Ort für Geschichtsfans – und den *Waterfront Park*. Außerdem finden Sie in *Georgetown* viele Grünanlagen, Lauf- und Fahrradstrecken, die meisten alteingesessenen Familienrestaurants sowie relativ günstige Übernachtungsmöglichkeiten. Es wäre also eine Überlegung wert, zugunsten Ihres Geldbeutels ein Hotel oder eine Pension in Georgetown zu wählen und Ihre Sightseeing-Trips von dort aus zu starten.

WIE SIE SICH BEIM SIGHTSEEING NICHT ÜBERFORDERN UND ZEIT SPAREN

Die wichtigsten Grundregeln:

• Tragen Sie bequeme und hochwertige Laufschuhe, Sie werden mehr Zeit auf den Beinen verbringen, als Sie sich vorstellen können. Auf diese Art vermeiden Sie zum einen Blasen und wunde Füße, zum anderen halten Sie die Schmerzen durch das übermäßige und ungewohnt viele Laufen in Grenzen. Achten Sie außerdem darauf, für den Notfall Blasenpflaster und Desinfektionsmittel für wunde Stellen dabei zu haben.

• Wenn Sie DC im Sommer besuchen, ist die wichtigste Grundregel, gut hydriert zu bleiben. Das Gute ist, dass das Leitungswasser in DC ausgezeichnete Trinkwasserqualität hat und es in der Stadt zahlreiche Trinkbrunnen gibt. Außerdem können Sie auf das Leitungswasser in öffentlichen Toiletten, Bars,

Hotels, Restaurants und Sehenswürdigkeiten zurückgreifen. Trotzdem sollten Sie immer mindestens eine große Flasche Wasser dabei haben, um einen Kreislaufkollaps zu vermeiden. Wichtig ist außerdem, dass Sie ein gutes Insektenabwehrmittel dabei haben. Es gibt zahlreiche Cremes und Sprays, mit denen Sie sich vor Verlassen des Hotels einreiben sollten, sonst werden sie schneller zerstochen und zerbissen, als Sie bis zur nächsten Sehenswürdigkeit brauchen.

• Stehen Sie so früh wie möglich auf! DC ist eine der weltweit meist besuchten Städte, weshalb die Warteschlangen an den Sehenswürdigkeiten oft endlos lang sind. Je früher sie aufbrechen, desto weniger Zeit verbringen Sie mit Herumstehen und Warten. Wenn Sie jedoch kein Frühaufsteher sind oder sich damit schwertun, gibt es einige zusätzliche Tipps für Sie: Die meisten Museen haben Hintereingänge auf der Rückseite, die nicht so stark frequentiert sind. Das kann Ihnen beim Warten eine Menge Zeit ersparen. Außerdem können Sie sich auf den Internetseiten der jeweiligen Museen über die Öffnungszeiten informieren. Viele bieten verlängerte

Öffnungszeiten bis in die späten Nachtstunden, zu denen ebenfalls weniger los ist.

• Versuchen Sie gar nicht erst, alle Museen und Sehenswürdigkeiten abzudecken, vor allem dann nicht, wenn Sie für Ihren Besuch weniger als fünf Tage eingeplant haben. Dies würde definitiv zu einem Burnout und zu absoluter Reizüberflutung führen – Sie möchten Ihren Aufenthalt doch schließlich genießen. Legen Sie also vor Ihrem Besuch Ihre Prioritäten fest und erstellen Sie sich eine Liste mit jenen Sehenswürdigkeiten, die Sie ansehen wollen. Planen Sie außerdem genügend Zeit für die einzelnen Besichtigungen und die Wege dazwischen ein.

• Wenn Sie abends ein Restaurant besuchen möchten, sollten Sie unbedingt vorher reservieren, denn da DC so überlaufen ist, werden Sie ohne Reservierung in den meisten Restaurants keinen Tisch bekommen.

• Nutzen Sie die Bustouren für Touristen, die die Hauptsehenswürdigkeiten abdecken. So vermeiden Sie wunde Füße und sparen Ihre Kräfte für all die anderen Orte, die Sie noch besuchen möchten. Es gibt zahlreiche Touren für Touristen – zu viele, um Sie hier alle aufzulisten –, die einen hervorragenden Service bieten. Die einzelnen Touren unterscheiden sich dabei hauptsächlich in den Orten, die angefahren werden, in der Tatsache, ob es einen Reiseführer gibt oder nicht sowie in den angebotenen Sprachen, in denen die Tour geführt wird. Was die meisten Touren gemeinsam haben, ist, dass sie nach dem „Hop on - Hop off - Prinzip" gestaltet sind, was bedeutet, dass Sie an den einzelnen Sehenswürdigkeiten aussteigen und sie entweder mit einem Führer oder auf eigene Faust so lange Sie wollen erkunden können. Im letzteren Fall fahren die Busse in regelmäßigen Abständen, so dass Sie jederzeit in den nächsten Bus steigen können, wenn die Tour weitergehen soll. Um die richtige Bustour für Sie zu finden, geben Sie bei Google einfach *„Washington DC bus tours for tourists"* ein, dann finden Sie einen ausgezeichneten Überblick über die einzelnen Möglichkeiten und Ihre Preise.

TIPPS FÜR TIERFREUNDE

All The President's Pubs Walking Tour: Wenn Sie mit Hund anreisen oder einfach nur Hundeliebhaber und gerne in der Natur sind, dann ist dies der Ort, den Sie besuchen sollten. Es handelt sich hierbei um einen 2 km langen Spazierweg rund um die Privatresidenz von George Washington am Mount Vernon, etwas außerhalb von DC, in Virginia gelegen. Der Präsident war bekannt dafür, ein großer Hundeliebhaber zu sein, und hatte immer mehrere Hunde.

Das Gelände ist nicht nur abwechslungsreich, sondern auch geprägt von wunderschöner Natur und prächtigen Parkanlagen. Hunde aller Rassen sind dort willkommen. Die Tour selbst ist geführt und findet sowohl im Mai als auch im Oktober jeden Samstagmorgen um 10 Uhr statt. Sie deckt fünf historische Stationen des Geländes ab, inklusive des Westtors, und Sie erfahren alles über George Washingtons Beziehung zu Hunden – seine Liebe zu Ihnen, die ungewöhnlichen Namen seiner Hunde und seine Bemühungen in der Zucht von Jagdhunden.

Am Mount Vernon gibt es noch sehr viel mehr zu entdecken, was allerdings nur ohne Hund geht, deshalb finden Sie diesen Punkt noch einmal im folgenden Unterkapitel „Insiderlocations".

Lafayette Square: Der ursprüngliche Name dieses Parks war *President's Park* und er war bis 1804 Teil des Geländes des Weißen Hauses. Dort gibt es als Nebenattraktion – das sage ich deshalb, weil es hier ja um Tipps für Tierliebhaber geht – ein Stück der Geschichte von DC kennenzulernen. Während des Unabhängigkeitskrieges nutzte man diesen Park zu verschiedensten Zwecken – als Zoo, Rennstrecke, Friedhof, Sklavenmarkt und als Soldatenlager. Heute befinden sich dort fünf große Gedenkstatuen. In der Mitte der Anlage finden Sie das Reiterstandbild von Präsident Andrew Jackson, während sich in den vier Ecken Denkmäler für die ausländischen Helden des Unabhängigkeitskrieges befinden: Marquis de Lafayette – von dem der Park seinen heutigen Namen hat – und Comte de Rochembeau aus Frankreich sowie Tadeusz Kościuszko aus Polen und Baron von Steuben aus Preußen.

Die eigentliche Attraktion dieses Parks sind aber meiner Meinung nach die dort lebenden zahmen Eichhörnchen. Sie sind so zahm und an Menschen gewöhnt, dass Sie sie mit etwas Futter mühelos anlocken und sogar aus der Hand füttern und natürlich auch dementsprechende Nahaufnahmen machen können. Ein Erlebnis, das sich kein Tierfreund entgehen lassen sollte! Zu finden ist der Park direkt gegenüber vom Weißen Haus, auf der anderen Straßenseite. Meine Empfehlung wäre also, beide Punkte auf einmal abzuhaken.

Smithsonian's National Zoo: Auch wenn ich diese Attraktion unter den Sehenswürdigkeiten bereits ausführlich beschrieben habe, muss ich hier noch etwas hinzufügen, das speziell für Tierfreunde gedacht ist. Wenn Sie den Zoo in aller Ruhe genießen und praktisch für sich allein haben möchten, stehen Sie sehr früh auf. Der Zoo öffnet um sechs Uhr morgens und außer ein paar Bewohnern von DC, die diesen Ort mit freiem Eintritt gerne nutzen, wenn sie zu früh dran sind für die Arbeit und noch etwas Zeit totschlagen müssen, werden Sie kaum einer

Menschenseele begegnen. Sie haben alle Gehege für sich allein und können den besten Aussichtspunkt genießen, während Sie den Tieren bei der morgendlichen Fütterung zusehen.

INSIDERLOCATIONS

Dupont Underground Tunnels Tour: Bei dieser unterirdischen Anlage handelt es sich um eine 1962 aufgegebene, weitläufige Straßenbahnstation. Die Tunnel waren seit damals bis 2016 versiegelt und nur über geheime Zugänge zu erreichen, weshalb sie kein ungefährlicher Ort waren, denn dort hatten sich hauptsächlich Obdachlose niedergelassen. Seit der Neueröffnung ist dieser Ort ein absoluter In-Treffpunkt, den die meisten Touristen jedoch gar nicht kennen, da er relativ neu ist. DC hat diesen Ort wiederbelebt, das einst etwas gruselig anmutende Flair der verlassenen Tunnel mit zahlreichen Graffitis an den Wänden scheint immer noch durch, während dort heute zahlreiche Veranstaltungen stattfinden, von Kunst- und Fotoausstellungen über Konzerte bis hin zu Partys. Die Öffnungszeiten zur Besichtigung sind von Dienstag bis Freitag, 10 - 17 Uhr, Veranstaltungen finden in der Regel abends statt. Die Tunnel haben eine eigene Webseite mit einem Veranstaltungskalender, auf dem Sie sich über die aktuell geplanten Veranstaltungen jederzeit informieren können. Der Eingang befindet sich 19 Dupont Circle NW, zwischen Starbucks und dem Dupont Hotel. Gehen Sie dort einfach die Treppen hinunter.

Key Bridge Boathouse in Georgetown: Hier ein absoluter Geheimtipp für alle Freunde des Wassersports. Eine in den USA relativ neue Sportart ist das „*Stand Up Paddle Boarding*" oder kurz „*SUP Paddle Boarding*". Dabei steht man auf einem Longboard ähnlich einem Surfbrett und navigiert mit Hilfe eines Paddels durch das Wasser. Bei ruhigem Wasser klingt das noch einfach, in unruhigen Flüssen mit Stromschnellen wird dies jedoch schnell zur Herausforderung. In DC gibt es mehrere Orte, wo sie *Paddle Boarding* betreiben können, ich empfehle aber speziell das *Key Bridge Boathouse* aus verschiedenen Gründen:

• Es liegt im malerischen *Georgetown*, welches ich ja ohnehin wärmstens für einen längeren Besuch empfehle. Sie können hier diesen Sport am malerischen *Potomac River*, dessen Spitzname „*The Nation's River*" – „Fluss der Nation" – ist, ausüben.

• Das *Boat House* bietet eine Vielzahl an Möglichkeiten: Kurse für Anfänger und Fortgeschrittene, wunderschöne Touren wie die *Cherry Blossom Tour* oder den *Full Moon Monuments Paddle* und vieles mehr. Wer sich ans *Paddle Boarding* nicht heranwagt, kann hier auch ein Kajak – die etwas sicherere Variante – mieten.

• Es wird hier strengstens auf Sicherheit geachtet, die Wasserbedingungen wie Temperatur – es darf nicht zu kalt sein, falls Sie einmal ins Wasser fallen – , wieviel Wasser der Fluss gerade führt und ob er damit ruhig oder zu unruhig ist, werden genau überwacht, was dazu führen kann, dass es auch zu normalen Öffnungszeiten geschlossen wird.

Wenn Sie Lust auf einen Ausflug über den *Potomac River* haben, sei es nun in der aufregenden *Paddle Board*-Variante, oder eher in der entspannten Kajak-Version, können Sie sich auf der offiziellen Webseite des *Boat House* genauer über Bedingungen, Öffnungszeiten, Preise und die verschiedenen Angebote informieren. Auch hier wird wieder offensichtlich, wie wichtig die richtige Planung ist.

George Washington's Mount Vernon: Wie bereits unter den Tipps für Tierfreunde erwähnt, erfahren Sie hier alles, was Sie in *George Washington's* Residenz am *Mount Vernon*, 30 km südlich von DC, noch ansehen können und warum dies nicht nur ein Geheimtipp, sondern eigentlich auch ein „*Must See*" ist. Es gibt dort unheimlich viel zu sehen und zu lernen, planen Sie also unbedingt einen ganzen Tag ein für ein unvergessliches Erlebnis! Mount Vernon bietet Ihnen folgende Attraktionen:

• Eine Farm im Pionier Stil, die heute noch so betrieben wird, wie zu alten Zeiten

• Einen Kai in den *Potomac River* mit einem wunderschönen Pavillon am Ende

• Ein Museum und Ausbildungszentrum, in dem Sie alles über das Leben von *George Washington* erfahren und viele Dinge aus seinem Privatbesitz bestaunen können, eine Ausstellung zum Thema Sklaverei in Bezugnahme auf *Washingtons* Einstellung zur

Sklaverei und wie sie sich im Laufe der Zeit verän-
derte

• Ein interaktives Theater, in dem Sie in die Schuhe
des ersten Präsidenten schlüpfen können

• Ein 4D-Theater über den Unabhängigkeitskrieg
mit realistischen 4D-Effekten, inklusive Wetterbe-
dingungen

• Eine historische Brennerei und Getreidemühle

• Das Sklavendenkmal

• *George Washington's* Grab

• Viele Farmtiere bestehend aus alten Rassen

• Prachtvolle Gartenanlagen

Wenn Sie einen Besuch am *Mount Vernon* einplanen,
können Sie sich ausführlich auf der offiziellen Webseite, die sowohl auf Deutsch als auch auf Englisch
verfügbar ist, über alles Wichtige informieren:
Preise, Anreisemöglichkeiten, Touren, Öffnungszeiten und vieles mehr. *Mount Vernon* ist übrigens auch
über öffentliche Verkehrsmittel von DC aus erreichbar, genaue Informationen entnehmen Sie der offiziellen Webseite.

Ankommen und Herumkommen

Kommen wir nun zu den grundlegend wichtigen, aber weitaus weniger spannenden Themen für Ihre Reise nach DC. Welche Anreisemöglichkeiten gibt es, wie ist die öffentliche Verkehrsmittelsituation und wie kommen Sie am Besten von A nach B? All das erfahren Sie in den folgenden Unterkapiteln.

ANREISEMÖGLICHKEITEN UND IHRE VERKEHRSANBINDUNGEN

Anreise per Flugzeug aus dem Inland: Der offizielle Inlandsflughafen ist der *Ronald Reagan Washington National Airport*, vom Flughafen in die Stadt und zurück kommen Sie mit *Metrorail* oder *Amtrak*, Shuttle Bussen, Taxi, Uber, Lyft oder Mietwagen.

Anreise per Flugzeug aus dem Ausland: Auslandsflüge gehen über zwei verschiedene Flughäfen. Zum einen den *Washington Dulles International Airport*. Dieser wird vom *Silverline Express Bus*, der *Metrorail*, dem *Metrobus Route 5a*, dem *Supershuttle* und dem *Go Airport Shuttle* angefahren und ist außerdem erreichbar mit *Washington Flyer Taxi*, Uber, Lyft und Mietwagen. Der zweite internationale Flughafen ist der *Baltimore/Washington Thurgood Marhall International Airport* in *Baltimore*, von dem aus Sie mit *Amtrac* oder *Marc*, dem *Metro Bus Route b30*, dem *Supershuttle* und dem *Go Airport Shuttle*, sowie *Uber*, *Lyft* und Mietwagen nach DC gelangen können.

Anreise mit dem Zug aus den USA: Falls Sie in erreichbarer Nähe von DC einen Urlaub planen und die Stadt von dort aus besuchen wollen, empfiehlt sich die Anreise mit dem Zug. Hier kommen Sie am *Union Station* Hauptbahnhof an, von dem aus Sie bequem die meisten öffentlichen Verkehrsmittel nutzen können.

DAS ÖFFENTLICHE VERKEHRSSYSTEM VON WASHINGTON DC, EINES DER BESTEN DER WELT

Um öffentliche Verkehrsmittel müssen Sie sich in DC keine Gedanken machen, da die Stadt über ein hervorragend ausgebautes öffentliches Verkehrsnetz verfügt. Mit *Metrorail* und *Metrobus* gelangen Sie überall hin, auch in die umliegenden Bezirke. Dabei fährt der *Metrobus* alle Orte an, die die *Metrorail* nicht abdeckt. Um die Flughäfen zu erreichen, gibt es, wie bereits im Vorkapitel beschrieben, zusätzlich verschiedene *Shuttle Services*.

ANDERE MÖGLICHKEITEN, GÜNSTIG MOBIL ZU SEIN

Elektrische Mietfahrräder und Scooter: Dies ist eine der günstigsten Möglichkeiten überhaupt, um in DC mobil zu sein, ohne laufen zu müssen. Es gibt in der Stadt zahlreiche Möglichkeiten, elektrische Fahrräder und Scooter zu mieten. Wie Sie die besten oder naheliegendsten Unternehmen hierfür finden, wird im Kapitel „Die besten Apps" angesprochen.

Uber: Bei Uber handelt es sich um ein US-amerikanisches Dienstleistungsunternehmen, das weltweit Vermittlungsdienste zur Personenbeförderung anbietet. Die Vermittlung läuft dabei über eine Smartphone-App. Es gibt drei verschiedene Untergruppen. *UberX* und *UberBlack* vermitteln Mietwagen mit Fahrer, während *UberPop* an private Fahrer mit eigenem Auto vermittelt, was die günstigste Alternative ist. In DC sind die Preise für Uber relativ günstig, weshalb Sie eine schöne Alternative bieten, wenn Sie zum Beispiel das Nachtleben von DC erkunden und spät in der Nacht noch nach Hause wollen.

Lyft: Dieses ebenfalls US-amerikanische Unternehmen funktioniert nach dem gleichen Prinzip wie Uber und ist ein direkter Wettbewerber mit kleinerem Marktanteil.

Taxi: Auch die Taxis in DC sind relativ günstig, solange Sie nur über kürzere Strecken fahren wollen.

Hotels

Es gibt in DC eine nahezu unendliche Auswahl an Hotels, Hostels und Pensionen, die die Stadt auch benötigt, um dem weltweit größten Besucherstrom gerecht zu werden. Die Wahl des für Sie richtigen Hotels hängt dabei natürlich von vielen verschiedenen Faktoren ab: von Ihrem Geldbeutel, von Ihren persönlichen Wünschen, von dem, was Sie in DC vorwiegend unternehmen wollen sowie von Ihren Vorlieben, Abneigungen und besonders von Ihren persönlichen Ansprüchen.

Ein wichtiger Punkt ist, dass die Preise für Hotels

und Hostels stark variieren, je nach Saison, weshalb es unsinnig wäre, hier einzelne Hotels zu empfehlen. Stattdessen gehe ich im Folgenden darauf ein, wo Sie das passende Hotel für sich und Ihre Ansprüche finden, und empfehle Ihnen dringend, sich nach den Informationen, die Sie in diesem Kapitel erhalten, selbst noch einmal in der entsprechenden Gegend umzusehen. Dienste wie Booking.com und Google im Allgemeinen helfen Ihnen dabei, das passende Hotel zu finden, indem Sie Bewertungen lesen, die Preislage für den Zeitraum Ihres geplanten Trips und andere wichtige Details herausfinden können. Es gibt auch immer wieder Rabattaktionen, innerhalb derer Sie manchmal nur die Hälfte des Standard-Preises bezahlen, besonders über Booking.com.

Standard-Hotel-Preise liegen in der Innenstadt von DC im Bereich zwischen 50 US Dollar (nur Hostels mit Mehrbettzimmern) und 200 US Dollar pro Nacht, die Außenbezirke sind etwas günstiger. Die meisten Hotels verfügen über kostenloses WLAN und Klimaanlage und die Angebote sind inklusive Frühstück.

Im Folgenden eine Übersicht, in welchen Gegenden Sie Hotels für verschiedene Ansprüche finden:

- *Downtown DC* und *Foggy Bottom*: Die Hotels in dieser Gegend liegen am nächsten an den Hauptattraktionen von DC, sind aber meist der gehobenen Preisklasse zuzuordnen, bis auf wenige Ausnahmen.

- *Logan Circle*: Dieser Bereich liegt noch relativ zentral und hat gute öffentliche Verkehrsanbindungen. Im Innenstadtbereich finden Sie hier die günstigsten Hotels.

- *Dupont Circle* & *Adams Morgan*: Wenn Sie besonders das Nachtleben von DC erkunden wollen, sollten Sie sich hier ein Hotel suchen. Auch der *Dupont Circle* liegt relativ zentral im Innenstadtbereich, verfügt über gute öffentliche Verkehrsanbindungen und wenn Sie nachts nach einer Tour zurück ins Hotel wollen, können Sie entweder laufen oder günstig mit *Uber* oder *Lyft* fahren, je nach Entfernung.

- *Georgetown*, *Bethesda* und *North Arlington*: Für Familien finden Sie hier die attraktivsten Angebote. Diese Bezirke liegen etwas außerhalb, sind aber alle gut an die öffentlichen Verkehrsmittel angebunden und bieten Ihrer Familie ein ruhigeres und sicheres Umfeld. *Georgetown* wäre hier als mein persönlicher Favorit zu nennen, auf die Gründe dafür bin ich ja bereits vielfältig eingegangen.

> **Extra Tipp:** Viele Hotels und Hostels werben damit, dass sie nur wenige Minuten Fußweg zur nächsten Metro-Station haben. In vielen Fällen fällt das unter die Kategorie „Papier ist geduldig". Lesen Sie sich deshalb die Google-Bewertungen durch und schauen Sie über Google Maps selbst nach, wie weit die nächste Metro-Station entfernt ist, um böse Überraschungen zu vermeiden.

Essen und Trinken

DC verfügt über eine solche Vielfalt an Restaurants, dass es fast unmöglich ist, den Überblick zu behalten. Was Sie im Vorfeld wissen sollten, sind die folgenden Dinge:

- Die Restaurants im Bereich der Hauptattraktionen sind die teuersten. Wenn Sie also günstig essen wollen, suchen Sie nicht im Zentrum nach einem Restaurant.

- Egal wo Sie essen gehen wollen, für die Abendstunden müssen Sie zwingend reservieren, egal wie groß das Restaurant sein mag. Abends wird es überall brechend voll und ohne Reservierung kehren Sie mit knurrendem Magen und enttäuscht in Ihr Hotel zurück.

- Rund um die Mall finden Sie eine Vielzahl an Food-Trucks. Dort erhalten Sie eine große Auswahl an internationalen Fast-Food-Spezialitäten zu verhältnismäßig günstigen Preisen, was sich besonders für die Mittagspause anbietet. Bedienen Sie sich an einem der Food-Trucks und machen Sie ein Picknick in der Mall.

DIE BESTEN RESTAURANTS UND „MUST EATS"

Besondere Restaurants:

• *Le Diplomate*, *14th Street NW*: Ein französisch inspiriertes Restaurant mit hervorragender Küche und stilvollem Ambiente. Die Desserts gehören zu den besten in DC! Dieses Restaurant fällt eher in die gehobene Preisklasse.

• *Blue Jacket*, *300 Tingey St SE*: Zu den Besonderheiten gehören hier vor allem die mehrstöckige, offene

Architektur mit vielen Fenstern sowie überdachte Außensitzplätze und im Innenbereich zahlreiche, offene Kamine. Dieses Restaurant bietet die typisch deftige amerikanische Küche und ist außerdem etwas für Bierliebhaber, da es hier eine große Auswahl an lokalen Bieren gibt.

• *Matchbox, 14th Street:* Die *Matchbox* ist gemütlich eingerichtet, ausgesprochen familienfreundlich und günstig. Zu den Spezialitäten gehören super dünne, knusprige Pizzen, die direkt vor Ihren Augen im Steinofen zubereitet werden. Empfehlenswert sind auch die *Mini Burgers*, die unter einem gigantischen Haufen Zwiebelringe serviert werden und so extra Spaß am Essen machen.

• *The Partisan, 709 D St NW*: Das *Partisan* bietet Dinner, Lunch und Brunch. Abgesehen davon besticht es durch eine einzigartige Besonderheit. Das Restaurant ist in zwei Teile aufgeteilt, auf der Eingangsseite finden Sie eine Fleischerei mit besonders hochwertigem Fleisch, auf der anderen Seite, links vom Eingang, ist der Restaurantbereich. Das hauseigene Fleisch ist hier Hauptbestandteil der Menüs, weshalb dieses Restaurant etwas für Fleischliebhaber ist. Die Atmosphäre ist sehr gemütlich und es gibt glutenfreie Speisen auf der Karte. Empfehlenswert ist außerdem der *Pancake Burger*.

„Must Eats":

• *Half Smokes*: Was *Half Smokes* sind, haben Sie bereits in dem Kapitel über spezielle Wortgebräuche erfahren. Wenn Sie in DC sind, sollten Sie unbedingt diese lokale Spezialität probieren, die Sie überall in der ganzen Stadt bekommen können. Die besten *Half Smokes* finden Sie jedoch in *Ben's Chilli Bowl, 1213 U St NW*.

• *Maryland Crab Cakes*: Hierbei handelt es sich um eine Art "Krabbenburger", nur ohne Brötchen, vergleichbar mit hausgemachten Fischfrikadellen. Allerdings kommen bei der Zubereitung, abgesehen von Krabben, noch verschiedene andere Zutaten zum Einsatz. Auch wenn diese Spezialität ursprünglich aus *Maryland* kommt, ist es in DC eine vielgeliebte Spezialität, die Sie ebenfalls an zahlreichen Orten erhalten und unbedingt probieren sollten.

• *Austern*: Auch wenn Sie Austern praktisch überall auf der Welt essen können, gehören Sie in DC zu den

Spezialitäten, die Sie vielerorts in den verschiedensten Varianten erhalten und dort sehr beliebt sind.

• *Cupcakes in Georgetown*: Die Cupcakes in Georgetown gehören ebenfalls zu den Spezialitäten von DC, die Sie einmal in Ihrem Leben probiert haben sollten, da Sie besonders köstlich und eine lokale Spezialität sind.

• *Peanut Soup* und *Bread Pudding* in *Mount Vernon*: Wenn Sie *Mount Vernon* besuchen, verpassen Sie auf keinen Fall die Gelegenheit, in dem zugehörigen Restaurant zu essen und die dortigen Spezialitäten auszuprobieren!

ESSEN UND TRINKEN MIT KLEINEM BUDGET

Auch mit einem eher geringen Budget können Sie in DC gut essen und satt werden, allerdings sind Sie dabei auf Fast-Food-Restaurants beschränkt. Hier eine Auswahl an guten Restaurants, in denen Sie für rund 10 Dollar eine vollständige Mahlzeit erhalten:

• *Good Stuff Eatery, 303 Pennsylvania Ave SE & 3291 M St NW*: Hier bekommen Sie die meisten Burger unter zehn US Dollar, Pommes und Shakes gehen extra. Tipp: Wenn Sie in einer Gruppe dort essen, bestellen Sie jeder einen eigenen Burger und teilen Sie sich die Pommes und Shakes, denn die Portionen sind groß.

• *Falafel Inc, 1210 Potomac St NW*: Hier bekommen Sie Falafel-Sandwiches für drei US Dollar und Falafel-Bowls für vier US Dollar. Die Portionen sind großzügig bemessen, doch wenn Sie sehr großen Hunger haben, bekommen Sie Salat oder Pommes für jeweils drei US Dollar extra dazu. Es gibt außerdem eine Auswahl an sechs verschiedenen Saucen, die im Preis inbegriffen sind und alle Gerichte sind rein vegetarisch. Lassen Sie sich nicht von den langen Warteschlangen abschrecken, da sie sich sehr schnell bewegen und die Wartezeit trotz der Länge der Schlange weit kürzer ist, als Sie vermuten würden.

• *&Pizza*: Hierbei handelt es sich um eine Kette mit insgesamt 12 Filialen innerhalb von DC, deshalb sollten Sie vor Ort, je nachdem, wo Sie sich gerade befinden, die nächstgelegene Filiale über Google ausfindig machen. Das Besondere an *&Pizza* ist, dass die Pizzen keinem traditionellen Pizzastil gleichen. Sie sind oval geformt, die Zutaten können Sie selbst auswählen und sie werden direkt vor Ihren Augen frisch zubereitet. Alle Pizzen kosten um die zehn US Dollar und von einer Pizza werden zwei Menschen mit normalem Hunger satt.Die richtige Planung für Ihren Besuch in Washington DC

DIE RICHTIGE VORBEREITUNG

„Der Schlüssel bei Ihrer Planung liegt nicht darin, Prioritäten für das zu setzen, was auf Ihrem Terminplan steht, sondern Termine für Ihre Prioritäten festzusetzen." ~ unbekannt

Genau nach diesem Motto sollten Sie Ihre Reise für DC planen, denn wie Sie inzwischen sicher festgestellt haben, gibt es einfach zu viel zu sehen, weshalb das Setzen von Prioritäten und das Einplanen von ausreichend Zeit für diese essenziell für einen perfekten Urlaub in DC sind.

Washington DC Tourist Attraction Passes:

Die Mehrzahl der Attraktionen in DC kann man zwar kostenlos besichtigen, vor allem die Hauptsehenswürdigkeiten und die Einrichtungen der *Smithsonian Group*, jedoch gibt es auch zahlreiche Museen und Einrichtungen, für die Sie bezahlen müssen, zum Beispiel *Mount Vernon*. Hierfür bietet es sich an, im Vorfeld einen *City Pass* zu buchen. Es gibt viele verschiedene Touristen-Pässe mit unterschiedlichen Konditionen, die Ihnen aber alle dabei helfen können, Geld zu sparen – vorausgesetzt, Sie wissen im Vorfeld, was Sie besichtigen wollen. Die meisten Pässe bieten die bereits erwähnten „*Hop On-Hop Off*-Bustouren" an, wobei es verschiedene Optionen gibt, wie beispielsweise festgelegte Ziele, aus denen Sie eine bestimmte Anzahl wählen können, oder auch eine frei wählbare Anzahl von Zielen.

Planen Sie also zunächst, was Sie besichtigen wollen und welchen Zeitrahmen Sie sich dafür geben. Dann suchen Sie bei Google nach „*Best Washington DC Tourist Attraction Passes*", wo Sie eine Seite finden, die Ihnen bei der Auswahl des für Sie am besten geeignetsten Passes hilft.

Dinge, die Sie vor Ihrer Reise anschaffen und mitnehmen sollten:

- Hochwertige und bequeme Laufschuhe, die Sie vorher einlaufen sollten.

- Blasenpflaster und Desinfektionsmittel.

- Reiseadapter für Ihre Elektrogeräte.

- Insektenabwehrsprays- oder Cremes, falls Sie Ihren Aufenthalt in der Zeit von Frühling bis Herbst planen.

- Auslands-Prepaidkarte für Ihr Smartphone. Es gibt zwar im Innenstadtbereich und an den Hauptattraktionen sowie in den meisten Hotels kostenloses WLAN, sollten Sie sich jedoch einmal in einem abgelegenerem Gebiet aufhalten, kann Ihnen das von großem Nutzen sein.

WELCHE JAHRESZEIT SOLLTE MAN WÄHLEN?

In dem Kapitel über das Leben in DC bin ich ja bereits ausführlich darauf eingegangen, wie die einzelnen Jahreszeiten in DC ausfallen. Welche Jahreszeit die Beste für Ihren Besuch ist, hängt deshalb natürlich stark von Ihren persönlichen Vorlieben und Abneigungen ab. Doch gibt es hierbei auch noch einige andere wichtige Aspekte zu beachten.

Die günstigste Zeit für einen Besuch fällt in den Frühherbst, vom späten August bis in den frühen September. Im Sommer ist neben Hitze, Feuchtigkeit und Insekten, die man mögen oder zumindest tolerieren können muss, alles sehr überlaufen, da Ferienzeit in den USA ist.

Die meiner Meinung nach schönste Zeit ist der Frühling, zur Zeit der Kirschblüte vom 20. März bis 13. April, allerdings ist die Stadt zu dieser Zeit nicht nur überlaufen, sondern Sie müssen sich zusätzlich noch mit vielen Schulklassen herumärgern, denn von Mitte März bis Anfang Juni fahren die achten Klassen der USA auf „*History Tour*" nach DC. Dann kann es passieren, dass Sie beim Besichtigen von Sehenswürdigkeiten hinter einer dieser Schulklassen festhängen und nicht vorbeikommen.

Bliebe als letztes noch der Winter. Da er nicht in die Hauptsaison fällt, sind die Preise für Hotels in dieser Jahreszeit ebenfalls günstiger, man muss jedoch die Kälte und den Schnee mögen.

WIEVIEL ZEIT SOLLTEN SIE FÜR IHREN BESUCH EINPLANEN?

Auch diese Frage lässt sich nicht pauschal beantworten, sondern hängt stark von Ihren eigenen Plänen, Bedürfnissen und Wünschen ab. Sie sollten aber mindestens fünf Tage einplanen, wenn Sie wenigstens die Hauptattraktionen besichtigen wollen. Doch selbst in fünf Tagen wäre dies ein sehr stressiger Trip, nach dem Sie erst einmal „Urlaub vom Urlaub" benötigen würden. Meine persönliche Empfehlung wäre deshalb mindestens zehn Tage oder besser gleich zwei bis drei Wochen einzuplanen, wenn Sie nicht nur alles in Ruhe ansehen, sondern gleichzeitig einen entspannten Urlaub verbringen wollen. Für

solche langen Aufenthalte empfiehlt sich ein Außen-
bezirk, um die Kosten zu senken, insbesondere natürlich das bereits vielgepriesene *Georgetown*.

Aber auch ein Tagestrip ist möglich, vor allem, wenn
Sie eine größere Reise durch die USA planen, bei der
Sie viele Städte sehen wollen oder einen Urlaub in
der Nähe machen. Für Tagestrips wäre ein *City Pass*
besonders empfehlenswert, denn so vermeiden Sie
zumindest unnötige Lauferei und halten den Stress
in Grenzen.

DER FINANZIELLE ASPEKT

Wie ja bereits erwähnt ist DC eine teure Stadt, die
Kosten für Unterkunft und Verpflegung sprengen so
manches Budget. Doch gibt es eine Vielzahl an Möglichkeiten, die ich in diesem Buch aufgezeigt habe,
wie Sie die Kosten so gering wie möglich halten können. Sie sollten sich allerdings darüber im Klaren
sein, dass, egal wie gut Sie diese Reise planen und die
Tipps zum Geldsparen einsetzen, dies kein günstiger
Urlaub wird, vor allem, wenn Sie länger als einen Tag
bleiben wollen.

Zu Ihrer Übersicht hier noch eine Auflistung der Preisklassen für Essen, Getränke und Hotels:

Essen und Getränke:

- Lunch 7,00 - 12,00 Dollar
- Dinner 10,00 - 18,00 Dollar
- Burger von 4 Dollar im Fast Food Bereich bis 23 Dollar in teureren Restaurants
- Kaffee 1,50 - 5,00 Dollar
- Mineralwasser 1,50 - 3,00 Dollar
- Glas Bier 4,00 - 7,00 Dollar
- Glas Wein mindestens 4,00 Dollar in der Happy Hour

Standard-Hotel-Preise:

- In der Innenstadt von DC im Bereich zwischen 50 US Dollar (nur Hostels mit Mehrbettzimmern) und 200 US Dollar pro Nacht
- In den Außenbezirken etwas günstiger

Bitte vergessen Sie nicht, die entsprechenden Trinkgelder mit einzuplanen!

HILFREICHE APPS

- *Metrohero*, *City Mapper*, *DC Metro and Bus*, *Washington DC Metro Route Map* und *Moovit* für Fahrpläne

- *Google Maps* zur Navigation

- *Wifi Map* oder *Wifi Finder* für kostenlose Hotspots

- *Capital Bikeshare* und *Lime and Jump* für Mietfahrräder und Scooter

- *Uber* und *Lyft*

- *TripAdvisor* und *Yelp* für Restaurants, Museen und Reviews

- *Smithsonian Mobile* für alle *Smithsonian*-Einrichtungen

- *Tap*, um den nächstgelegenen Trinkbrunnen zu finden

- *Flush* für öffentliche Toiletten (funktioniert sogar ohne Internetverbindung)

Ein unvergessliches Erlebnis

Ich hoffe sehr, Ihnen mit der Lektüre dieses Buchs so viele notwendige und hilfreiche Tipps und Informationen für Ihre Reise an die Hand gegeben zu haben, wie nur möglich, damit Sie Ihren Urlaub selbstbestimmt und optimal planen können. Bisher lag der Hauptfokus ja auf der richtigen Vorbereitung für die Reise nach DC, doch jetzt, zum

Abschluss, möchte ich Ihnen noch einen weiteren Tipp an die Hand geben, um wirklich das meiste aus allem herauszuholen: Werden Sie kreativ und führen Sie ein Reisetagebuch!

Für die Umsetzung eines solchen Tagebuchs gibt es natürlich viele verschiedene Möglichkeiten. So könnten Sie zum Beispiel ein Videotagebuch erstellen, an dem Sie sich nach Ihrem Trip für den Rest Ihres Lebens erfreuen können. Wenn Sie aber zu den Menschen gehören, die gerne kreativ arbeiten, hier meine persönliche Empfehlung:

Machen Sie sich während Ihres Aufenthaltes täglich Notizen, entweder schriftlich in Stichwortform oder auch ausführlich, je nach Lust und Zeit, oder nutzen Sie Ihr Smartphone für Sprachaufzeichnungen, die Sie später abhören können. Machen Sie außerdem viele Fotos. Im Anschluss an Ihre Reise können Sie sich dann ein schönes Notizbuch kaufen. Es gibt wunderschöne Exemplare in Din A4 mit leeren Seiten oder auch welche, die Sie selbst bemalen und gestalten können.

Zuhause können Sie dann ganz in Ruhe Ihre Aufzeichnungen durchgehen und diese nach Gestaltung des Buchs, das Sie verwenden wollen, mit einem detaillierten Reisebericht füllen, den Sie zusätzlich mit schönen Fotos Ihrer Reise aufpeppen. So behalten Sie eine wirklich einmalige Erinnerung und nutzen zusätzlich die Zeit nach Ihrer Reise, alles noch einmal in Ruhe Revue passieren zu lassen und Ihre Erinnerungen so zu vertiefen und besser zu verarbeiten. Es wäre doch schade, wenn Sie sich nach einer Reise, die so angefüllt ist mit zahlreichen Eindrücken und Erlebnissen, gleich wieder in Ihr Alltagsleben stürzen und dabei die Hälfte Ihrer Erinnerungen verloren geht. Planen Sie also nach Ihrem Trip ruhig noch ein paar Tage Zeit zum Herunterkommen, Reflektieren und für das Anlegen dieses Reisetagebuchs ein.

Zum Abschluss bleibt nun nur noch eines zu sagen: Ich wünsche Ihnen eine wundervolle Zeit in der meiner Meinung nach schönsten Stadt der Welt!

Packliste

Geld & Finanzen

O (evtl.) Auslandswährung
O Bargeld
O Bauchtasche
O Brustbeutel
O Bauchtasche
O EC-Karte
O Kreditkarte
O Notfall-Telefonnummern der Banken
O Portmonee

Hygiene

O Haarbürste / Kamm
O Deo (klein)
O Shampoo
O Kulturtasche
O Sonnencreme
O Taschentücher

O Reise-Zahnbürste und Zahnpasta
O Verhütungsmittel

Kleidung

O Badeklamotten
O Gürtel
O Hosen kurz / lang
O Mütze / Cap / Hut
O Pullover
O Regenjacke
O Schlafanzug
O Socken
O Sonnenbrille
O Sportklamotten / Jogginghose
O T-Shirts
O Unterwäsche

Medikamente

O Blasenpflaster
O Anti-Durchfalltabletten
O Erste-Hilfe-Set

O Fiebertabletten
O Fiebertabletten
O Mückenschutz
O sonstige Medikamente
O Pflaster
O Kopfschmerztabletten

Unterlagen & Papiere

O ADAC Unterlagen
O Adresslisten für Postkarten
O Krankversicherungsnachweis
O Stadtplan
O Führerschein
O Unterlagen für die Unterkunft
O Wasserdichte Hülle für Reiseunterlagen
O Impfausweis
O Mietwagenunterlagen
O Personalausweis
O Reisepass
O Reisetagebuch
O evtl. Studentenausweis

O evtl. Visum
O Zug- / Bahn- / Flugticket

Taschen & Rucksäcke

O Koffer / Trolley / Reisetasche
O Regenhülle für Rucksack
O Rucksack

Schuhe

O Badeschlappen / Hausschuhe
O Schuhe und Wechselschuhe

Sonstiges

O Brille / Kontaktlinsen und Etui
O Buch zum Lesen
O Ohrenstöpsel und Schlafmaske
O Regenschirm
O Reisedecke
O Wasserflasche
O Wörterbuch

Elektronik

O Digitalkamera
O Handy
O Ladekabel
O Kopfhörer
O evtl. Steckdosenadapter
O Power-Bank

Herstellung und Verlag:

BoD – Books on Demand, Norderstedt

ISBN: 9783750459922

© Natalie Becker 2020

1. Auflage

Kontakt: Psiana eCom UG/ Berumer Str. 44/ 26844 Jemgum

Covergestaltung: Fenna Larsson

Coverfoto: depositphotos.com